枫哥品性之二

性与军事

张枫◎主编

南方日报出版社
NANFANG DAILY PRESS
中国·广州

图书在版编目（CIP）数据

性与军事 / 张枫主编. -- 广州 : 南方日报出版社,
2011.11（2022.9 重印）
（枫哥品性）
ISBN 978-7-5491-0271-6

Ⅰ. ①性… Ⅱ. ①张… Ⅲ. ①性学－关系－军事－通俗读物 Ⅳ. ①C913.14-49②E-49

中国版本图书馆 CIP 数据核字(2011)第 222217 号

性与军事 张枫 主编

出版发行：南方日报出版社
地　　址：广州市广州大道中 289 号
电　　话：(020) 87363865
经　　销：全国新华书店
印　　刷：广州市新怡印务股份有限公司
开　　本：889mm×1194mm 1/32
印　　张：2.75
字　　数：50 千字
版　　次：2011 年 11 月第 1 版
印　　次：2022 年 9 月第 2 次印刷
定　　价：20.00 元

投稿热线：(020) 87360640　　读者热线：(020) 87363865
发现印装质量问题，影响阅读，请与承印厂联系调换。

目录

性与军事

枫哥品性之二

序

上篇

下篇

当军事遭遇性

□张枫

从某种意义上说，人类的历史就是一部欲望争夺史，男人通过战争征服世界进而征服女人，战争归根结底不过是为了权力欲与性欲的满足。当军事遭遇了性，当战争遭遇了爱情，阴谋、暴力、死亡就开始上演了……

美色是男人争夺欲望的战场，也是战争的又一把利剑。女人因此常常沦为战争的试验品和贿赂品，也是战争的导火线。军事试验注定是一场冒险的死亡游戏，为了演示一部兵法，就有人不惜让女人充当兵法的试验品，女人的命运除了服从就是死亡。人类社会的矛盾，归根结底是满足性欲的斗争，而战争乃是各种欲望斗争的最高形式。因为牺牲一个美女就能换取军事上的优势，消磨敌军将帅的意志，避免千万人的伤亡，甚至还可以激起士兵将帅的争夺，美人计也成为一种屡试不爽的军事陷阱。无论是在吴蜀争霸中充当贿赂品的小猫孙仁，还是日本军国主义的人体武器川岛芳子，她们只不过是男人手中的第三杆枪，却是一杆杀人不见血的枪。

至于导致特洛伊亡国的海伦，虽不能说是战争的贿赂品，却也是战争的导火线。海伦其实就是一只木马，一只闯进帕里斯心里的木马，更是一只毁灭特洛伊的木马。当战争结束，女人的结局注定又是战争的祭品，这或许就是女人的命运。

没有女人的战争是无趣的，战争斩断了士兵对性的渴求和愿望，然而，他们并不是战争机器，而是一个个有血有肉的鲜活生命。炮火的轰鸣无法将本能的欲求从他们生活中抹去。“在死亡的阴影下，士兵想到的性，实际上是对生命和和平的渴望。”在战场上，死亡的阴影如魔鬼的诅咒一样挥之不去，士兵们的本能欲求便以特有的形式——暴力和强奸表现出来。

战争的残酷、死亡的威胁和对异性的渴望交织在士兵们心里，对稀缺的异性肉体的迷恋便成了前线战士们日常消遣娱乐的最佳方式，这背后隐藏的是性压抑。从这一点而言，战争史首先是一部以战时男性的精神折磨为主题的历史。哪里有压抑，哪里就有发泄。士兵们的生理发泄渠道，既包括由军方组织的慰安妇，也有随军而来的军妓，但毕竟是狼多肉少。当性欲得不到发泄和满足时，最后的选择便是暴力的掠夺和强奸，战胜者对战败者的妇女大规模的集体强奸、轮奸俨然成了战争中的常事。战火在哪里肆虐，性暴力的幽灵就在哪里游荡。无论是侵华日军对中国妇女的强制慰安，还是前苏联红军对德国妇女的性侵犯，抑或是美军对日本女性和伊拉克战俘的性暴力，无不是赤裸裸的性犯罪。他们的暴行，正如著名女社会学家露特·赛福尔特所言：“强奸不是性欲望的暴力表现，而是通过性来实现的暴力。”换句话说，强奸满足的不是士兵对性欲的需求，而是对女人的压迫与凌辱的征服欲望。

在战争中对女人的性暴力，是一场比任何武装斗争都要残酷的战争。当暴力不能征服女人的肉体和意志时，屈辱、折磨、杀戮就成了最后的手段，男人用长剑短枪穿透她们，我们看到的是鲜血与耻辱。

在异性稀缺的军营中，性欲望的释放并不一定聚焦于异性的躯体，同性之爱似乎也已成为一个众所周知的秘密。性与爱从来就不是专属于异性之间，同性之爱不是罪，但战争却是罪。我们要反对的是战争，而不是性；我们要的是玫瑰，而不是枪炮。

所以，我们总能发现炮火连天的战场上不只是有血腥和杀戮，也有那震撼人心的爱情。在战争的背景下，爱情之花仍然不屈不挠地绽放它的魅力。战争中的爱情更显得壮丽动人，但注定是脆弱和短暂的。吴三桂冲冠一怒为红颜，但美人最终落得香消玉殒；征服欧洲大陆的铮铮铁汉拿破仑对约瑟芬炽热的爱也只能是悲惨收场。只要战争还是人类的噩梦，爱情就必然遭受战争的毁灭；炮火中的殉情纵然使爱情更加美丽鲜艳，但我们永远渴求和平。

在残酷的战争面前，贪恋一时的风流快活，成为了多少将帅士卒侥幸而存的念头，但没有人可以逃脱命运的悲剧。纣王牧野战争的溃败和商朝的灭亡，与其说是妲己祸害，不如说是对贪恋美色者的报复；出征以性爱激励士兵，凯旋以性爱奖励士兵的好色军阀石友三，说到底不过是荒淫无知；十字军的风流与古罗马帝王的淫乱，也没能逃出美色的利剑，昔日的辉煌帝国在欲望的侵蚀下被覆灭。

本书的故事，糅合了战争与性、爱情与阴谋、暴力与死亡。它们或许让你感叹，或许让你愤怒。在这里，你将看到战争与性是如此的对立，又是如此的纠缠在一起。王侯、将相、士卒把他们对世界的征服与对性的征服表现得如此强烈，演绎了一个又一个令人击节也令人扼腕的故事……

上篇

孙子练美人

《孙子兵法》是我国最早、最杰出的一部军事著作，是世界三大兵书之一，光是为了推广它，就搭上了两个王妃的性命，连吴王都佩服得五体投地，它历来备受推崇，研习者辈出。

孙武本是齐国人，生于军事世家，自幼喜欢研究兵法，颇有心得。在他18岁时，齐国内乱不止，他郁闷自己没有用武之地，便移民到吴国，在姑苏城隐居，继续潜心研究兵法，并结识了名将伍子胥，两人十分投机。

吴王阖闾一直想攻打楚国，扩张版图，眼看国内稳定，粮食充足，军队精悍，却一时难以选出合适的将领。伍子胥向吴王推荐孙子，说他精通韬略，有鬼神不测之机，还著了一部兵法。吴王细想，孙武虽然有背景有学历，却没有工作经验，怎能随便聘他做这个重要的职位呢？伍子胥先后七次向吴王推荐，吴王才答应让他来面试。

就像刚毕业的大学生接到单位的面试通知，孙子穿戴整齐，捧着自己的作品来到吴王殿上。吴王浏览了《孙子兵法》的内容，半信半疑，灵机一动，想出个题考一考他，

▲为了向吴王推广《孙子兵法》，两个漂亮的王妃成为初试锋芒的祭品。

说："你的兵法十三篇，我已逐篇拜读了，实在耳目一新，受益匪浅，可毕竟都是纸上谈兵，不知实行起来如何，你能不能演示一下，让我们见识见识其中的厉害？"

孙武的回答毫不含糊："可以。"

吴王又问："那就先按书上说的来练兵吧。你想练什么人？"

孙武答："不管是男女老少还是高官农民，只要能听懂命令的，都可以。"孙武豁出去了。

这小子狂得可以啊，看我怎么教训你！吴王很不屑这个年轻人夸下的海口，一心要给他难堪。"先生，这样吧，眼下这里也没有兵士，只有我后宫的美女，不知道你可不可以将她们训练成士兵呢？"说完，就将自己的妃嫔、宫女，共180人都叫了出来，坏笑道："先生，现在你就是她们的统帅，千万别客气啊，哈哈。"

这180个女人出来后，先是愕然，继而你一句我一句地互相讨论，还嬉笑打骂起来，场面乱哄哄的。

吴王的女人倾巢而出，可是难得一见啊，殿上的大臣、卫兵们都目不转睛、口水直流，只有孙武没有心思欣赏这些后宫佳丽，寻思着该如何调教她们。练得好，自然能得到吴王的赏识，高待遇、高福利就在那里摆着；万一练不好，不但颜面扫地，甚至还会被判欺君之罪，脑袋搬家。想到这，孙武不禁打了个寒战。

孙武把美人编成两队，让吴王最宠爱的两个妃嫔担任队长，手执长戟站在队前，然后对这支美人军明确军令："擂鼓后，我叫你们向左向右向前向后都必须执行，违者处斩。听明白了吗？"美女们你看我，我看你，以为只是做做戏，纷纷嬉笑道："明白。"

战鼓擂鸣，孙武下达军令：“向左转！”众美人呆若木鸡，好像没听到命令一样站着不动。孙武黑着脸大声说：“没有解释清楚命令，没有交代好命令，是身为将帅我的责任，这次不怪你们，但下不为例。我现在再说一遍，要是谁再违反，斩立决！”然后击二通鼓。

美女们从来没有那么严肃过，看着孙武额头冒汗，再次放浪地笑成一团。高台上的吴王一心想看孙武出糗，也随美女们哈哈大笑起来。容忍到极限的孙武再次发出命令：“向左转！”依旧没有人动，只是笑声更大了。

没有表情、毫无预兆，只听孙武大声喊：“军令已达，军法已明。不从者就是违反军纪。先斩带头的，把两名队长推出去斩了！”时间顿时凝固，所有人都以为这只是一句笑话，直到卫兵把两个美人直直地拖出去。

吴王大惊失色，知道孙武是玩真的，哀求道：“先生，我知道你的厉害了，今天就到这吧。你要是真杀了我的爱妃，晚上就没人给我暖脚了。”可孙武没有给吴王面子：“将在外，君命有所不受！给我斩！”两个美人的头立马被捧上来，吴王悔得昏了过去。一百多个娇娃立刻花容失色，不敢再怠慢，向左向右，整整齐齐。

吴王窝了一肚子的火，孙武却向他说起了称霸的大道理。吴王一听，心想死了两个美人固然可惜，但霸业之后，还缺美女吗？还会有别国的美人呢！

就这样，孙武坐上了大将军的位置，从此为吴王出谋划策，吴王的身边又有了更年轻漂亮的美人，《孙子兵法》也名满天下。

【枫哥点评】

封建时代，女人只是男人的附属品、战利品，甚至是王公贵族的性发泄品，毫无地位可言。仅仅为了演示一部兵法，就可以随随便便将女人如草芥般斩杀。从严治军，军令如山，是练兵打仗的根本法则。这个故事告诉我们，要想做到战无不胜，攻无不克，必须遵循法则，不管地位尊卑，关系亲疏，都要服从命令听指挥，这是夺取胜利的根本保证。

谁把红颜变祸水

中国历史上被称为红颜祸水的有很多，但称得上恶毒的，掰着手指头数也就那么几个，妲己算是其中的“佼佼者”。她天生貌美，受尽宠爱，再配上纣王这个好色之徒，真是将那荒淫无道、心狠手辣发挥得淋漓尽致。

商纣王本是个杰出青年，很多人都看好他会是个名垂青史的好帝王。他征服有苏氏后，有苏氏为求自保献出美女妲己。

妲己利用自己最擅长的歌舞才艺，创作靡靡之乐，设计挑逗的舞蹈，自己亲自上阵，闻音起舞，妖艳迷人。这种超前的情趣方式果然令纣王中招，终日沉迷于感官享受之中，对她言听计从。

从此，纣王再没心思上朝，哄妲己开心便是他的第一要务。妲己和纣王在一起的时光，有什么要求，张嘴就能得到满足，就如鹿台。在爱情面前，谁说只有男人有强烈的占有欲？后宫那些妃嫔被妲己一个个铲除，她再也不用和别人争夺同一个男人，纣王只是她一个人的。还有谁敢对她不利，敢到纣王面前挑拨是非？

然而，就是有不识趣的人要往枪口上撞，那就是丞相比

▲卷入利益和权力的纷争未必是女人的自愿，不顾一切沉迷于欢乐的人才是真正失去理智的人。

干。纣王对妲己的宠爱人尽皆知，比干偏偏让他收敛，这还不算，比干还对妲己进行人身攻击，说她是迷惑人的妖精，在精神上给她施加压力。纣王在朝廷之上实在不好计较，想想也就算了，你说你的，我听着，我怎么做是我的事。可小心眼的妲己咽不下这口气，比干又是个老顽固，一来二去，就这样杠上了。结果不用说，妲己大获全胜，比干被莫名其妙地挖了个“七窍玲珑心”，死无全尸。

事情并没有就此平息，反而愈演愈烈。既然杀一不能儆百，那就杀他一百，看还有没有人当这只出头鸟。妲己发明了一个新游戏——炮烙之刑：将铜柱涂上油，燃以火炭，把犯人绑在上面。有的犯人跌落火红的炭中，脚板被烧伤，不时发出惨叫声。听到那些刺激感官的惨叫，妲己笑了，笑得极其妩媚。纣王看到她如花的笑靥，痴了。以后只要一有触犯他的人，就把他们送去炮烙。大臣们死的死，蔫的蔫，逃的逃，只剩一些阿谀逢迎之人。妲己为非作歹，而纣王言听计从，把她眼前的障碍一一铲除，真可谓“天作之合”。

出一次游，见谁不顺眼就杀他的头；打一个赌，可以随便剖肚砍腿。民不聊生，越来越多的百姓迁往各诸侯国，纣王也不能淡定了。这时妲己出了一条“妙计”：封闭关卡，建一座酒池肉林。用美酒灌满水池，把鲜肉悬挂在树上，宴请天下诸侯王公贵族，让男男女女赤身裸体穿梭其间，追逐嬉闹，肆无忌惮地纵欲。一片欢声笑语中，他们并不知道，灭国的命运已经在这样的奢靡中渐渐降临。

公元前1048年，人民的忍耐已经达到极限，周武王也准备了足够的人力物力，率兵由镐京出发，东征伐纣。得道多助，失道寡助，牧野一战，殷商大势已去。

只一年多的时间，六百年的殷商王朝便在商纣王和妲己的手中毁于一旦。纣王再一次回到曾经繁华一时的鹿台，苦笑，大笑，狂笑，然后一把火将自己化为灰烬，留了点作为帝王的最后尊严。或许他很后悔，但后悔又有什么用呢？这就是任性的代价。

被俘、斩首是妲己最后的下场，一代妖姬、红颜祸水也留下千古骂名。

【枫哥点评】

战争的失败，朝代的灭亡，总喜欢将责任推到女人身上。被记入历史的几位红颜祸水，要么红颜薄命，要么恶有恶报，似乎在权力斗争中，女人都自恃特有的妖艳，散发着惑人的芳香，如同穿肠毒药般腐蚀了男人的理智。

女人用性满足男人的欲望，换来地位的尊崇，而一旦失宠又被打入冷宫，因为命运从来都没有征求过她们的意见。但是，卷入利益和权力的纷争未必是女人们的自愿，而不顾一切沉迷于欢乐的人才是真正失去理智的人。

美人计的教训

赤壁之战后，曹操南征的脚步被迫停止，天下被曹、刘、孙三家瓜分。但其实，孙权一直对刘备所在的江陵虎视眈眈，无奈曹操的力量太过强大，孙、刘只有结成联盟才能勉强抵抗他的进攻，在这种翻不得脸的情况下，孙权和刘备两家表面上维持着友好的“蜜月期”。

为报诸葛亮巧夺江陵之仇，而占领荆州全境，周瑜不得不除去刘备这个绊脚石，于是他又出狠招，对孙权说：“刘备是个不寻常的人物，天下枭雄，既不能收入麾下，又不能灭了他，不如将他骗来东吴软禁，让他声色犬马、花天酒地，消磨他的斗志，并控制关羽、张飞。”恰好刘备不久前丧妻，要骗他来，没有比联姻更好的借口了。于是，孙权的妹妹、19岁的孙仁成为这桩政治婚姻的牺牲品。

面对眼前这杯毒酒，刘备喝也不是，不喝也不是，可诸葛亮也不是一般人，羽扇一摇，当即写下三个锦囊妙计，要让老板既得便宜又卖乖。

公元209年，刘备由赵云、孙乾陪同进入吴国境地，大肆宣扬刘皇叔与孙公主即将成亲，要将假戏做真。很快，这条

▲刘备腹背受敌，哭求孙夫人帮忙。

震撼的花边新闻立刻通过无数的狗仔队传向了吴国各地。然后，刘备又主动拜访了超级美女大乔、小乔的父亲乔国老，借他传话给孙权的母亲吴国太，将假戏做到了底。

事已至此，孙权无奈地为刘备和孙仁举行了盛大的婚礼。不过这个孙仁自小是只“母老虎”，脾气大不说，行事作风和江东小霸王孙策也十分相像。这不，新婚之夜，她就带了很多女兵，拿着刀守在洞房门口。虽然刘备感到一股寒气从脊梁升上来，但凭着自己丰富的人生阅历，一张敦厚温和的老脸和两任妻妾的调教，就在这一夜，49岁的刘大叔彻底征服了年仅19岁的孙妹妹，让她爱得死心塌地，成了服服帖帖的“小猫”。

赚到了美人，还有豪华装修的大房子，好吃的、好穿的、好玩的应有尽有，摆地摊、卖草鞋、颠沛流离、寄人篱下的刘备就像一夜暴富，哪里受得了，果然乐而忘返，沉迷酒色之中。

刘备帐下的爱将赵云，见老板醉生梦死，一副公司倒了都不在乎的样子，十分忧虑。好在孔明早就料到有这一天，赵云依锦囊妙计行事，急匆匆来到刘备面前：“曹操起精兵50万，杀奔荆州而来，请主公马上回荆州！”刘备一听，吃了一惊，但又舍不得离开温柔乡。孙夫人却果断地说：“大丈夫立世，不可只顾儿女私情，我都是你的人了，嫁鸡随鸡！”能和漂亮的老婆一起回自己家过日子，刘备别提有多高兴了。

趁着210年元旦节假期，刘备夫妻带齐将士兵马，瞒着孙权，向长江岸边开溜。因为都放假了，孙权第二天才得知刘备走脱，忙派将领率兵去追。周瑜唯恐刘备逃跑，也派兵在必经之路防守。刘备腹背受敌，情势万分危险之际，赵云翻看第三个锦囊，原来是哭求孙夫人帮忙。这哭不就是刘备的拿手好戏吗？果真妙计啊，刘备连城池都能哭回来，何况一个小女人？比起周瑜，诸葛亮终究是道高一尺。

不消几分钟，刘备就酝酿好感情，泪流满面扑倒在孙夫人面前，可恨当时没有最佳演员奖啊！他把周瑜和孙权以她为钓饵要谋杀自己的全部阴谋告诉妻子，之后，又以生离死别的口吻说："备死不足惜，但乱兵之际恐伤了夫人，不如现在就在夫人面前自杀算了，期望来生再与夫人……"情窦初开、涉世不深的孙夫人哪里受得了这般感人肺腑之言，立刻挺身而出，把孙权、周瑜派来的人大骂一顿，喝令追兵让路。公主发怒，走卒哪敢违命，只得让开一条路，放刘备走。

刘备死里逃生，回到江陵，周瑜带兵穷追不舍。追至半途，一彪人马横向杀出，大将关羽冲杀一阵，吴兵死伤无数，周瑜自知陆上不是对手，灰溜溜地逃回船上。

这时，岸上刘备士兵大喊："周郎妙计安天下，赔了夫人又折兵！"这讥刺的叫喊让周瑜恼羞成怒，大叫一声，口喷鲜血，昏倒在地。

【枫哥点评】

兵法有云，美人可以消磨敌军将帅的意志，削弱他的体质，增加他的部队的怨恨情绪。如果牺牲一个美女就能换取军事上的优势，避免千万人的伤亡，性价比甚高，因此兵家爱用。孙刘两家联姻，便是假借建立军事联盟，骗刘备来东吴一举灭之。只是没想到最后落到"赔了夫人又折兵"的结局。

所谓英雄难过美人关，多少英雄豪杰都因为雄激素过高而惨被美女拉下马。可这招也不是屡试不爽的。由此看来，刘备是个胜者，只要在性爱面前保持清醒的头脑，坚持节制，细水长流，认识到纵欲有害健康，那么性就是人生的美好风景，而不是成功路上的绊脚石。

从娈童到大将军

韩子高本名蛮子，是南北朝时会稽人，三代都是贫民，靠做草鞋卖草鞋为生。但这个蛮子生得十分英武，而且肌肤诱人，形体俊美，两臂修长，简直可以用倾国倾城来形容，甚至有人一见他连呼吸都会停止。由于正值乱世，到处兵荒马乱，蛮子流离失所，经常碰到兵卒乱砍人的事。有几次，士兵挥刀就想砍蛮子，但一看到他的相貌如此美丽，刀也砍不下去了，停在空中，最后沉醉于“美色”之中，护送蛮子离开危险地带。那年，韩子高16岁。

中原战火不断，蛮子一路狂奔来到吴兴，遇见了一个英姿勃发的美少年将军，他就是陈蒨。陈蒨第一眼看到蛮子，就被他的美貌深深吸引，不能自已，认定他就是自己后半生的爱人。他开口就问蛮子：“你如果不图富贵可以跟着我，我会给你幸福！”面对眼前这个同样俊美的少年，蛮子知道这意味着什么，反正也走投无路，不如赌一把，起码有肉吃，心里唱着“菊花残，满地伤”点头答应了，开始了这段激情四射、至死不渝的恋情。

蛮子成了陈蒨的娈童，随陈蒨起居出入，很受宠爱，并改名韩子高。（娈童，本义是指美少年，南北朝左右开始专指与成年男性发生性行为的男童或少年，也就是专供男性玩弄的美男，与男妓有所不同，用现代的话说就是money boy。古时的达官贵人，尤其是明朝的，很多都会包养娈童。）

陈蒨性情暴躁，像个火药桶，一不顺心便马上火冒三丈，但只要见了子高，怒气当即全消。因为深爱着子高，陈蒨对女人几乎不屑一顾，还许下承诺："他日如果我当了皇帝，就封你为皇后。"子高叩头拜谢："远古时有女王，现在有男后，也很应该吧。"这男皇后的概念，在中国历史上可谓空前绝后，连后来的武则天也没敢想过，韩子高倒也不脸红。

陈蒨的堂妹跟王颜订了婚。她对自己的丫环吹嘘："世界上该不会有比我未来老公更帅的男人了吧？"谁知丫环却说韩子高比王颜帅好几倍。公主跑去一看，果然所言非虚，竟然做了韩子高的忠实粉丝。不过子高心里只有陈蒨，拒绝了公主的追求，郁闷得公主相思成疾，咳血而亡。而陈蒨因为这次暧昧事件，一怒之下灭了王颜全家。

除了谈谈情、做做爱，韩子高有空就学习武艺和兵法，反正闲着也是闲着。他双手力大如猿，骑马、射箭的功夫都练得不错，再加上他恭谨温顺的性格，又善解人意，陈蒨东征西讨都会将子高带在身边，两人并肩作战，彼此的感情也与日俱增。

陈蒨攻打张彪时，张彪夜袭，陈蒨仓促间没有防备，军队出现混乱，情况十分危急。陈蒨孤注一掷，派韩子高去搬救兵。子高从乱兵中杀出重围，带回援兵，又杀入阵中救出陈蒨。第二天，他率军与张彪决战，一举战胜张彪。这次出生入死的经历又为他们的情感注入了新血液。在往后的多次战斗中，陈蒨逐渐发现了子高擅长统领士卒、灵活作战的潜能，而

▲俊美的蛮子成了陈蒨的娈童，与陈蒨共起居同出入，感情日深。

且出身寒苦的他也没有那些官一代、官二代的架子，很受军士们的爱戴，逐渐将军事重任交给他。子高不负众望，在一次次的战斗中屡建奇功，为南朝打下大片江山，地位也越来越高。

陈蒨做了皇帝后，在舆论的压力下并没有履行承诺，封子高为皇后，而是封他为右军将军。此后，两人相思多、相见少：陈蒨坐镇宫中，励精图治，创建了南朝的和谐社会；而韩子高则为巩固陈朝的江山殚精竭虑，驰骋疆场：平王琳，征留异，夺晋安，六年后被封为右将军，回到国都后，统领军府，掌管了军中大权，那个曾经的娈童已经飞上枝头变凤凰。

不过，当韩子高春风得意之际，文帝陈蒨却突然一病不起，还拒绝宫中任何人服侍他。没办法，御医只好请韩子高入宫照料，然而病魔最终还是夺走了文帝。

陈蒨病故后，废帝即位，韩子高因兵权过重，新皇帝对他十分忌惮，找了个莫须有的罪名，将子高送进牢狱，并赐死，这时他年仅30岁。这对超越世俗伦常的恋人，一前一后离开人世，可能是命运让他们在另一个世界继续相爱。

【枫哥点评】

因为韩子高，中国历史上第一次也是最后一次提出“男皇后”的概念，然最终誓言未能兑现。古语有云：“以色事人者，色衰而爱弛”。所以韩子高是聪明的，虽然他貌美倾国，但深刻警惕自己这一点，练就自己一身的本领，成为将才，能征善战，战无不克，这迎合了陈文帝争霸一方的野心，至此韩子高从一个男宠晋阶为陈文帝的战友。这种感情的保障，恰恰来自韩子高的才能。

陈、韩两人是有感情的，但这种感情是否就是爱情，则有待商榷。也许韩子高容貌秀美，忠心耿耿且军功卓越，深得陈文帝喜爱，两人互视彼此为知音应该不为过。

杨贵妃的“绯闻”

堪称大唐演艺圈“一姐”的杨玉环不仅长得漂亮，歌舞俱佳，而且很是聪明，善解人意，深得大老板李隆基皇帝的宠爱，连待遇都跟皇后一样。作为当红炸子鸡，杨小姐不免被整点“××门”之类的绯闻。文人墨客的想象力也真是惊人，不仅给杨小姐八卦了一个“情敌”梅妃，还安排她给李老板戴上一顶“绿帽子”，说她曾跟安禄山私通，恐怕连琼瑶奶奶都要自愧不如了。

话说回来，杨玉环的出身并不太好，李老板看上她的时候，她已经嫁给寿王五年了，也就是说，她当时是李老板的儿媳。李老板为了得到她，很下了一番功夫，例如先是借口让寿王妃为皇太后荐福，下旨让杨小姐搬出寿王府，住进皇宫里的太真宫，暗度陈仓；再给寿王另娶了个妃子，这才放心大胆地把杨小姐接回自己的寝宫，册封为贵妃。虽说当年“胡风”盛行，不会有卫道士向皇上哭闹着谏劝什么“人伦之理”，但大家估计都觉得这样有些别扭，心照不宣而已。这首先就成了捕风捉影者编排杨贵妃与梅妃斗法的一些根据。

据说，杨贵妃和梅妃就像后宫的两株奇葩。杨贵妃生得

▲杨贵妃的绯闻，传说颇多，但基本是没有根据的小道消息。

丰腴娇艳，好似一株牡丹；梅妃则像一株梅花，清雅高洁。两人一胖一瘦，一媚一雅，一动一静，形成了强烈对比。面对陪伴自己十几年的梅妃，唐玄宗恐怕早就审美疲劳了，对突然出现的性感的杨贵妃，玄宗怎么不被撩拨得心痒难耐呢？两个女人就这样明争暗斗起来。起初是梅妃写了一首诗，这首诗中，表面上赞叹杨贵妃的美貌，实际上是在讽刺她原来是唐玄宗的儿媳，不顾人伦，从寿王府中转入皇宫，竟然钻进了公公的被窝。杨贵妃得知，立刻反击一首，含义是说梅妃瘦弱不堪，而且也受宠得过头了，已经不能与新春的鲜花争奇斗艳。唐玄宗没有为梅妃的诗叫好，而是为杨贵妃的诗鼓掌，显然在这场爱情争夺战中，人单势薄的梅妃彻底败下阵来。

宫闱之间，妃子们你争我斗的情况本来就不奇怪，更何况杨贵妃集万千宠爱于一身，这样的花边新闻也不能把她怎么样，老百姓们茶余饭后谈几天就不新鲜了。可把杨贵妃与安禄山扯上关系，弄出“洗澡门”这样的艳闻，就在安史之乱的时候给贵妃带来了灾难。难道唐朝时就有“狗仔队”潜入后宫？

据唐代及后代的《开元天宝遗事》、《杨太真外传》等八卦杂志的记载，杨贵妃是朝中人争先恐后拍马屁的对象，大家都知道，只要把美人“拍”爽了，事儿也就成了。安禄山是封疆大吏，做久了想搞下调动，再往上层走走，就借朝觐时在皇上面前叫贵妃“干妈”。杨贵妃一听这么个络腮胡子叫自己“干妈”，觉得有意思，就顺水推舟认了这个“干儿子”。古代有个习俗叫“洗三”，就是在婴儿出生后的第三日，便举行沐浴仪式，召集亲友为婴儿祝吉，也称“三朝洗儿”，意在“洗污免难、祈祥图吉”。杨玉环还按这个习俗为“干儿子”弄了个三日洗身。从此安禄山进出宫门百无禁忌，他们暧昧的传闻也就无中生有，更有好事者添油加醋，说安禄山在和杨贵妃鬼混时将贵妃的胸乳抓伤，贵妃怕被玄宗发现，发明了一种叫“诃子”的无带内衣，最后还在唐代贵妇中流行开来。然而，杨贵妃与安禄山的私情最后被哥哥——国相杨国忠发现，国相大义灭亲，向皇上举报了这一奸情，安禄山升迁不成，反被贬去镇守边关，越想越气，举兵反唐，导致了安史之乱。

看到这里，其实稍加分析就不难看出，这条八卦实在太离谱：一则安禄山这个络腮胡子加大腹便便的外形完全不属帅哥行列，试问怎入贵妃的“法眼”？二则杨国忠是在官场上混的，要整安禄山也不能连带自己妹妹一起整，拿掉自己的大靠山。最合理的解释就是，李唐王朝的追随者，需要给安史之乱找只替罪羊，杨贵妃当然是最合适做“红颜祸水”的人选了。既然杨贵妃是“祸水”，何不给她假想一个情敌，再弄个情夫？唯其如此，才让人觉得这杨贵妃死不当惜，而玄宗痴迷于这样一个有失妇道的妃子似乎不值得。

看来，杨贵妃这样的“大明星”确实不好当，即使身子再正，也会有人抹黑涂鸦，落井下石就更不在话下了。

【枫哥点评】

杨贵妃的绯闻，尽管传说颇多，但基本都是没有依据的小道消息。从白居易《长恨歌》的描述中，杨贵妃“回眸一笑百媚生，六宫粉黛无颜色”来看，在妃子这个职务上，杨贵妃可以算当之无愧。给一个宫中深锁、不涉政事的柔弱女子扣上“乱伦”、“通奸”的大帽子，并最终落得个“马嵬坡惨死”的结局，实在无辜得紧。红颜薄命，不仅是一个女人的悲哀，也是一个封建王朝的悲哀。

冲冠一怒为红颜

明朝末年，天下大乱，内有农民起义，外有清兵虎视眈眈，朝野一片惊惶，皇室摇摇欲坠，崇祯帝封大将吴三桂为平西伯，统领重兵镇守山海关。这下清兵头疼了，山海关本来就易守难攻，加上智勇双全的吴三桂，哪敢轻举妄动。可是，历史的发展总出人意料，一个他们素未谋面的汉族女人——陈圆圆，居然成了上天掉下来的馅饼。

话说陈圆圆原名陈沅，苏州人，天生丽质，受过专业的艺术培训，是当时名满江南的青楼超级女生、舞状元。几年前，吴三桂只见了她一面，就成了她的忠实粉丝，朝思暮想。不料战事吃紧，吴三桂只得匆匆回到部队，只留下“等我，他日我带了钱，就给你赎身，以后我们日夜不分离”那样的甜蜜约定。但是，欢场上的口头约定能顶什么用？吴三桂一离开，崇祯皇帝宠妃田氏的父亲田畹就重金买下陈圆圆，想拿她来替代病逝的田氏，再获皇帝的提携。不巧，崇祯帝内忧外患下，竟得了“心因性性欲低下”，不好这口了，还慷慨地把陈圆圆退回田府。不要白不要，不如自己拿来享受。

▲吴三桂只见了陈圆圆一面，就成了她的忠实粉丝，朝思暮想。

甲申春天，李自成的农民起义军直逼北京，明朝政权岌岌可危，田畹也暗暗忧虑，终日愁眉不展。有人给他出主意：“现在天下那么乱，不如傍个大腕，以备不测？”田畹一拍大腿，十分赞同，恰逢吴三桂入京觐见，于是设宴相请。

所谓得不到的葡萄才是最甜的，吴三桂一直对陈圆圆念念不忘，一听田畹相邀，怎么不扑着过来。席间田畹提起现在流寇猖獗，希望吴三桂能高抬贵手罩一罩他家，还叫出众歌妓，丝竹奏曲讨好他。这时，主角圆圆身披白纱舞衣从重重帘幕中缓缓出场，就好像一朵白云飘到了大厅之中，她淡扫蛾眉，轻点朱唇，轻舒长袖，明眸含笑，朦胧而诱人心醉；一段轻舞后，在厅中站定，随着动人心弦的乐器声，唱起了小调，听者如闻仙乐。座上的吴三桂捧着酒杯，痴迷迷地盯着陈圆圆，好半天忘了喝酒，也不知搁下酒杯。田畹见吴三桂失了魂似的，借机问：“假如贼人来了怎么办？”吴三桂厚着脸皮说：“如果把陈圆圆送给我，我先保护你家再保护国家！”田畹没想到他如此不客气，正犹豫要不要忍痛割爱，吴三桂就让陈圆圆拜辞田畹，拥着美人一阵风似的走了，气得田畹半天说不出话来。

吴三桂喜得梦寐以求的陈圆圆，无奈前方军情紧急，只好将她安置在京城，自己返回山海关。

不久，北京城破，崇祯帝吊死煤山。吴三桂见大势已去，也决意投降李闯王，带了数千精兵向北京进发。

还没到北京，家人就来求见，吴三桂问：“我家里人好吗？”家人说：“被闯王抄了。”吴三桂说：“不打紧，我到后就会归还。”又问：“我父亲好吗？”答：“被拘捕了。”吴三桂说：“我到后就会释放。”又问：“陈圆圆还好吗？”答：“被李自成手下带走了。”

为什么？为什么带走的不是我爸爸、妈妈、姐姐、妹妹，而偏偏是我最要命的那块心头肉？吴三桂当即想到了贼人龌龊狰狞的面目，想到陈圆圆无助求救的情景，反复思考怎么才能将她讨回来……越想越气，血气方刚的吴三桂终于爆发了："大丈夫连个女人都保护不了，有何面目见人啊？"随后，掉头回山海关，向清军递去降书，希望多尔衮能进关消灭李自成军。从此，中国的典故多了一句"冲冠一怒为红颜"。

清军打败李自成后，吴三桂找到陈圆圆，终于一偿所愿。后来他坐镇云南，在昆明大兴土木于翠湖、莲花池等，与陈圆圆共赏风花雪月。

有情人终成眷属、白头到老？不，随着时间的流逝，吴三桂出现了审美疲劳，渐渐冷落了陈圆圆，特别是后来吴三桂寻得"四方观音"、"八面观音"等美女后，就不再宠幸圆圆了。痴情的脚步追不上变心的翅膀，陈圆圆无奈，退而念佛养心，后来吴三桂反清，她还住进佛庵。等清军打败吴三桂军攻入昆明时，相传陈圆圆自沉莲花池，一代佳丽就这么香消玉殒了。

【枫哥点评】

古代大多数女性没有经济来源，毫无自主权可言，只能依靠性为纽带维系生活。陈圆圆这样的烟花女子更是如此。她一生似乎都在被"转手"，不仅成为吴三桂对李自成宣战的借口，且年老色衰后还被吴三桂抛弃，她的一生都充满着无奈。反观今日，大多女性都在经济上独立了，可以依靠自己生活，但"小三"、"求包养"者却比比皆是，试图通过性不劳而获、捷足先登，这不能不引起我们的反思啊。

好色军阀，以性励兵

石友三是国民党西北军将领，原冯玉祥“十三太保”之一。别看他个矮，可天性机灵，又擅长溜须拍马，所以深得冯玉祥器重。一个穷人家的孩子，只用了13年时间，就由一介马夫，稳步晋级到师长。鸿运当头，飞黄腾达，挡也挡不住。

他有一房姨太太，名叫黄凤芝，就是蛮横“娶”到手的。话说一次战斗获胜，石友三心情大好，带领随从直奔戏园子看戏。黄凤芝是花旦名角，一举一动，无不妩媚动人。石友三看得心花怒放，喜欢上了，不等戏唱完，就命随从叫来戏园老板。老板害怕失去一棵摇钱树，更害怕小命不保，“扑通”一声就跪下了。石友三大怒，拔枪指着老板的鼻子，问他是要人还是要命。石友三等黄凤芝唱完，立即将她掳走。

石友三好色，打了胜仗，也是用色来奖励手下士兵。有一次，他拿来一万多块大洋，和名妓王双喜颠鸾倒凤，手下受到嘉奖的一百多个士兵，也一一跟妓女搭配好。一声令下，整个妓院，都是石家军的淫笑声。

石友三就这样的德性，能指望他有大作为吗？

▲石友三把枪口对着五姨太的脑袋，一点点逼近她。

在当上师长后，他的本性完全暴露，荒淫腐朽，还背信弃义。军阀混战时期，他居然见风使舵，三次背叛恩师冯玉祥；投靠蒋介石，又设计想干掉蒋；事败后投靠张学良，背地里又组织反张……眼看事情败露，他要么痛哭流泪，要么负荆请罪，往往就能化险为夷。最恶劣的是，“九一八”事变后，他为了挽救自己的颓势，竟然积极与日本鬼子联系，暗中打击抗日武装。

石友三这种秉性最终天怒人怨。有人设下圈套，以开会为名，将他绑架到城外，把他活埋在荒山野岭之中。

【枫哥点评】

有句话说，“兵熊熊一个，将熊熊一窝”，只要带兵的将军不是个孬种，那么，他带的兵就绝对上档次。由此可见，军官的素质，对于一支军队来说，有多么重要。石友三好色，出征以性激励，凯旋以性奖励。可这招能管用吗？真管用的话，石友三就不至于屡吃败仗，没事老转着圈子巴结、投靠人了，最终落得身败名裂的下场。

下篇

一见销魂，再见覆国

3000多年以前，希腊半岛联盟之一斯巴达国，有一位叫海伦的王后。她艳冠希腊，名动天下。海伦到底有多美？连著名盲诗人荷马都找不到合适的语言来形容，束手无策之际，竟落下如此苍白的描述：“白皙的手臂、飘飘的长袍、闪闪发光的面纱”，仅此而已。

一次，国王墨涅拉俄斯要出访他国，却依然不带王后陪同。按理说，身边有个美艳王后作陪，人前多有面子啊。可恰恰是因为太美，国王有顾忌，生怕王后在路上被雨打风吹去。成年累月被深锁宫中，个中滋味除了海伦自己，无人可解。她唯一能做的事情，就是趁国王不在家，带领随从去附近神庙祭祀、祈祷。

这天，锡西拉岛海域风平浪静，爱琴海彼岸特洛伊国的王子帕里斯率领强大的战船队，来到阿耳忒弥斯神庙。帕里斯有个癖好，就是超喜欢美女。他拜神就两个内容，求艳遇，谢爱神。也该他艳福不浅，就在他祭祀完毕，转身刚跨出神庙时，迎面就撞见一位绝色佳人，赛过爱神阿芙洛狄忒之貌，又似有传闻中的海伦之美。他呆若木鸡，感觉此行超

▲海伦斜睨一眼帕里斯，禁不住心花乱颤，脸颊绯红。

级给力。海伦斜睨一眼帕里斯，立即感觉遭遇强电流袭击，禁不住心花乱颤，脸颊绯红，脚步凌乱，跌跌撞撞到得神灵跟前，竟忘了自己为求何事而来。

她没法淡定——这个身材魁梧、英俊潇洒的王子，远比自己的丈夫更有魅力。海伦匆匆礼毕，急急退出殿堂，想看看帅哥有没有走远。一脚跨出门槛，她就给镇住了。帕里斯正双手抱在胸前，微笑地看着她。他原以为此次祈祷，又一如既往邂逅一名羞答答的处女，哪想到，这回竟碰上一名比处女更美艳、更迷人的少妇。他想马上跟她亲密接触，于是守候在此。然而，随从很快附耳边告诉他，眼前美女就是大名鼎鼎的海伦王后。帕里斯悚然一惊，不敢相信自己的耳朵，待海伦缓缓走远，方醒悟过来，快步追上去，"啪"一声敬了一个标准的军礼！海伦止步，微笑回礼，不待他采取下一步动作，即在随从拥护下，三步并作两步撤到自己的船上。

回到王宫，面对丈夫墨涅拉俄斯的画像，海伦不停自责，竭力要将帕里斯忘掉。可越是这样，她就越想这个帅哥。

帕里斯回到战船上，找来心腹将领，故伎重演，谎称爱神有旨，他必须将海伦接到自己的王宫去，不管她现在是什么身份。这些随从都是帕里斯肚子里的蛔虫，早看出他的心思。于是，一个个争着出谋划策，要神不知鬼不觉把海伦弄到特洛伊去。当然，实在不行，就用战争说话，把海伦抢走。

第二天，帕里斯的战船开进了斯巴达港口。他带领十名随从，求见斯巴达国王。国王不在，按照礼仪，王后必须接待。海伦怀里像揣了只兔子，在宫中接见了帕里斯。帕里斯的随从巧妙地支开了海伦王后的左右。随后，帕里斯与海伦谈笑风生，又抚琴表意。那美妙的琴声，听得海伦心旌摇荡，不能自已。随从识趣地撤到门外。帕里斯起身请海伦坐到自己身旁，手把手教她弹琴。就在肌肤相接触的那一瞬间，一股幽香从海伦脖颈丝丝缕缕飘入帕里斯的鼻孔。他迷醉了，飞快将她放倒在椅子上。海伦半推半就，不一会儿就呻吟起来……

随从很紧张，生怕事情败露。不等他们整理好衣冠，偷偷将海伦劫走。王宫侍卫做梦也没想到会出这样的事情，等反应过来时，帕里斯一干人等已经退到战船上，仓皇逃走。

墨涅拉俄斯国王闻讯勃然大怒，马上启程回国，召集兄弟国商量雪耻大事。很快，一支由10万人、9000艘战船组成的希腊联军成立，浩浩荡荡攻打特洛伊去了。特洛伊城易守难攻，战斗十分惨烈。尽管帕里斯开战后不久即被毒箭射毙，但胜负依然难分。双方展开拉锯战，一打就是整整10年。最后，希腊方假装撤退，遗留一匹巨大无比的木马，特洛伊人将其拖进城中。这木马里藏着士兵，夜里，他们偷偷从木马中溜出来，打开特洛伊城门……很快，特洛伊国被灭。

【枫哥点评】

关键时刻，木马横空出世，顷刻间突破防火墙，摧毁特洛伊，其威力令人震撼。事实上，海伦其实就是一只木马，一只闯进帕里斯心里的木马，一只随即被帕里斯带入，从特洛伊城门顺利穿过的木马。遗憾的是，特洛伊没来得及安装一款查杀木马的工具，在仓皇之中凌乱不堪。其实，在生理作用下，美女向来是攻击男人漏洞的木马，如果男人心中的系统不够坚强，很容易让美女毁掉。

以色为剑的埃及艳后

克丽奥佩特拉出生于统治了埃及300年的托勒密家族，她的第一代祖先托勒密是亚历山大大帝手下的大将，亚历山大大帝死后他成为埃及国王。这个家族的家规很匪夷所思，貌似完全不考虑优生学：作为继承人的国王必须娶自己的姐姐或者妹妹为王后。但又不得不承认，这个家族的基因确实优秀，后代不但没有得遗传病的，还个个都有着天使面孔、魔鬼身材；唯一的缺点就是，王后都野心勃勃，喜欢抢王位。在克丽奥佩特之前已经有6位女王统治埃及，她们都是残杀或废黜丈夫后登基的。在中国，恐怕只有武则天才能理解她们的内心所想。

克丽奥自小就对这种阴谋与亲情交织的故事情节耳熟能详，她是真正的美丽与智慧并重，12岁就能流利地使用8种语言，深受大家的喜爱。父王去世后，克丽奥佩特拉成为她同父异母弟弟的王后。

由于担心古老的故事再一次在自己身上上演，弟弟决定先下手为强，将克丽奥佩特拉赶到埃及边境的一个小城市。上天似乎对美女偏爱多一点，正在克丽奥一筹莫展之际，一

▲恺撒迷上了美丽与智慧并重的克丽奥佩特拉。

个强而有力的男人——恺撒从天而降。恺撒正和老地主庞培干仗，追杀庞培到了埃及，克丽奥的弟弟怕得罪罗马大爷，赶紧把庞培杀头送给了恺撒。恺撒得胜之余一时兴起，打算在埃及的都城亚历山大城度个假放松一下。克丽奥听到这个消息，直呼天助我也，让人把自己裹进地毯，送到恺撒的行宫。恺撒正发愁做些什么打发时间，觉得鉴赏一下地毯也不错，命人呈上地毯。孰料一名赤裸裸的绝色美人出现在眼前，看得恺撒口水直流。就这样，克丽奥傍上了恺撒，恺撒给她的回报则是扶植她成为埃及女王。

她的子宫就像一个高效的装配车间，很快就为恺撒生了个儿子，恺撒更不舍得离开埃及了。恺撒流连温柔乡的花边新闻每天都在罗马国内报纸的头版出现，闹得沸沸扬扬，罗马国内的造反派也蠢蠢欲动，迫使恺撒不得不返回罗马。克丽奥佩特拉不久追随到罗马，恺撒为她在台伯河边建造了豪华江景别墅，还建了一座神庙，里面的一尊塑像就是以克丽奥为原型的，把罗马的贵妇人羡慕得眼珠子都要掉出来。

可惜，恺撒不幸遇刺，克丽奥佩特拉失去她的第一个靠山。

女王很快从打击中清醒过来，马上关注到另一个男人——安东尼，恺撒生前的得力干将。恺撒死后安东尼接收了他大部分的军队及财产，而且做了罗马的执政官。说来也巧，安东尼早就对女王垂涎欲滴，两个人一拍即合，安东尼不但继承了原上司的王位，连他的二奶也一并接收，又住进了埃及。女王又有了靠山，子宫再次紧急运作，在安东尼回罗马前怀上了龙凤胎。

好景还是不长，罗马局势吃紧，安东尼赶回罗马，为了稳住政敌屋大维，他娶了屋大维的妹妹屋大维亚。论对付男人，贤良淑德的屋大维亚比不上风骚多情的女王，安东尼过了几年老婆孩子热炕头的生活后，无比思念克丽奥，借东征抛家弃子，奔向女王的怀抱。屋大维一看这还了得？趁着安东尼“私奔”的时候，接管了安东尼的一切权力，成了罗马的执政官，同时还派出狗仔队，第一时间将安东尼在埃及与克丽奥的荒淫行为发布在罗马各八卦小报的头版头条，引起民众极高的“围观”热情。

安东尼的举动不仅引起了罗马元老院的强烈不满，也给政敌屋大维提供了良机。屋大维趁机率领罗马船队浩浩荡荡地开进埃及。他们冲过埃及军的阵线，快要逼近女王的舰队时，女王立即转头逃离战场，安东尼见到他的情人离开，急得乱了阵脚，也丢下自己的部队，独驾一只小船去追赶女王。

最后，痴情的安东尼在这场战争中一败涂地，绝望地自杀了。女王则成了屋大维的战利品，被带回罗马游街。女王不堪屈辱，让侍女将毒蛇放在胸口，一代艳后就这样与人世告别了。

【枫哥点评】

如果说埃及艳后克丽奥佩特拉是一名骁勇战将，那么美色就是她的利剑，屡次助她化险为夷，不仅让强大的罗马帝国的两任执行官都拜倒在她的石榴裙下，还几次化解了埃及成为罗马行省的危机。现代女性在职场打拼，不少人也学会了克丽奥的招数，一时间横行无忌，但是，克丽奥最终碰上对她不感兴趣的屋大维，以自杀收场。同样聪明的现代女性，如果您也想以美色为剑，猜到了开头，结局也不难预见了吧？

罗马帝国的艳情死

古代王朝更迭，父子相搏，兄弟相残，屡见不鲜，无论中外。公元37年，在军方力挺下，卡里古拉毒杀父王，成功篡夺王位，成为罗马帝国的第三任恺撒大帝。罗马人恐惧啊，因为卡里古拉是个臭名昭著的不良少年，十几岁时就奸污亲妹妹，这人渣竟做出这么惊世骇俗的事啊！弑父、奸妹，还能更狠毒点吗？

卡里古拉可能也预见到社会的恐慌情绪，登基后，立即做了几件大事，比如高调宣布，不把有人准备刺杀他的话当真，相信没人想这么干；在大型群众集会上，为前任皇帝唱颂歌，承诺厚葬他，并大赦天下；焚毁有关母亲和兄弟们案件的卷宗，并向神发誓自己从未看过，以消除告发者和见证人的恐惧；还有，为了彰显亲民本色，像刘谦一样冲上街头，大秀魔术杂耍……罗马人民一扫心中的阴霾，高兴坏了；戏台高搭，童男童女唱赞歌，热情歌颂伟大皇帝！元老院也不甘落后，迅速通过决议向至高无上的皇帝敬献金币。

都以为他浪子回头，决心做一个百年不遇的好皇帝，哪想到人家就是逗你玩儿，想杀谁就杀谁，想怎么杀就怎么

▲罗马帝国的毁灭，始于卡里古拉无限膨胀的欲望。

杀。想立亲妹妹为皇后，马上立；想掌握初夜权，不但“初夜”女的，还顺带“初夜”一下那男的。不过，当时没有互联网，没有微博，事情不至于传遍全国，罗马人民还是想着法子唱戏，表忠心。有一次，罗马广场搭台唱赞歌。一个塔形木架上站满了人，最底层跪着奴隶代表，上面一层是市民代表，再上面是士兵代表，接着是国会议员，最上面当然就是伟大领袖恺撒大帝卡里古拉。各界代表云集，万众一心，就为了讴歌皇恩浩荡。高潮时分，走过来一个疯女人，高声唱：“我是恺撒的妹妹朱西拉，让我们再做爱吧。”从塔尖到塔底，顿时笑翻了。这事儿“唱”到市井中，听众开怀大笑，毫无顾忌。性爱平常事嘛，何惧民间热传！言论自由，罗马人民民主万岁。

当时的罗马帝国处于鼎盛时期，所谓富不过三代，基业这么大，够他挥霍的，卡里古拉每天要做的，无非就是找乐子。

有一次，为了让大家乐乐，卡里古拉押上一个犯人，命令喝红酒。然后，他让卫兵用刀在犯人肚子上拉个不大的口子，看犯人的肠子、红酒和血液一块流出来，乐得拍手叫“好”。官员们惊恐万状，把上顿的饭都吐了出来。他嫌这样还不刺激，又拉几个犯人去马戏团，让众官员围观野兽食犯人。他又蹦又跳喊过瘾，众官员却毛骨悚然、魂飞魄散。朱西拉皇后也看不下去，叫他收敛一些。他却说：“杀人越多，敌人就越少。”他祖母也劝，他却告诫老人：“你给我记着，我可以对任何人做任何事。”

所有官员坐卧不宁。卡里古拉越玩越大，以开会的名义，把成百上千的官员及他们的妻子召集到一处，要所有人脱光衣服，然后，对禁卫军说，花5个金币，就可以和官员妻子做爱，羞辱这些平时不可一世的贵族。为了证明这5个金币花得值，他解释说贵族的老婆也是贵族，很贵的。卫兵的钱，就这样被他敛走。那些官员只能干瞪眼看着自己的妻子沦为妓女，有气不敢出。也有不高兴的被当场治罪、丢命，事后还被没收全部家产。这种丑事一开始，就停不下来。卡里古拉趁机鼓励贵族、官员们参与其中，玩也是玩，不玩也是给别人玩，只好纷纷掏出金币，大玩换妻游戏，并沉湎其中。不少年轻人不再想生孩子，过一日是一日，不求未来。整个上层社会散发着腐朽、糜烂的气息。

已经忍无可忍的元老院，开始密谋杀他。

公元41年，机会来了，两个卫兵亮剑，结束了29岁的卡里古拉的生命，结束了他3年的统治。他病弱的叔父被推举登基，想改变一下国势，却终因无能，十年未如愿。公元54年，尼禄上位，更加残暴、昏庸、下流。元气渐渐耗尽的罗马帝国，最终没能撑过公元68年，脱阳而死。

【枫哥点评】

罗马帝国的毁灭，比较流行的观点是淫乱所致。不过，透过现象看本质，其实，罗马帝国的毁灭始于卡里古拉无限膨胀的欲望。他对性的欲望，自少年起，连亲妹妹都不放过，直接控制议员们的食色生活，操控他们妻子的性器官并借此敛财；这还不够，还要掌握别人的性命，随便处置生命，从中获得强烈的快感。无法无天，为所欲为，杀人魔鬼，一身兽性，怎能不带来毁灭？

十字军的风流事

“夺回圣城！”在教皇乌尔班三世的号召下，1147年，法国国王路易七世联合德意志国王康拉德三世，发起第二次十字军东征。“他们可能是为了抢钱、抢粮、抢地盘，但我不是，这是上帝赋予我的神圣使命。”即位前在修道院修行的路易七世是极为虔诚的教徒，决定不与其他国家一同进军，而是率领本国军队独自杀向耶路撒冷。

让人意想不到的是，路易七世的王后埃莉娅诺也对这次东征充满了热情，要一同前往。提起埃莉娅诺，她是一位绝世美女，同时也是法国西南部阿奎丹的领主，可谓名副其实的富婆；而路易七世虽然是法国国王，但其实领地只有巴黎周边地区而已，封地范围还没有阿奎丹大。那个时代的欧洲，即使王公贵族，也很注重保护婚前财产，嫁鸡随鸡？见鬼去吧！王权无边？也见鬼去吧！不难想象，路易七世会是个“妻管严”。既然老婆大人要去，去好了；军事会议，也一同参加吧，谁叫她股份多。

长途行军的艰苦超过了王后的想象，当法国军队抵达安提阿——位于地中海东部的一个城市时，埃莉娅诺心情马上好了起来，因为这是一座大城市，有好吃的、好玩的、好住的，最重要的是，这里的统治者不是别人，是她的叔叔雷蒙德。

虽然是叔叔，但雷蒙德只比埃莉娅诺大八岁，同时又是一名身材健硕、相貌英俊、风度翩翩、武艺高强的骑士，万千少女的偶像。而雷蒙德也很迷这个美侄女，只是苦于两地分隔而没有机会轰轰烈烈地爱一场，哪怕是冒着乱伦的骂名。

对侄女的到来，雷蒙德表示出了极大的欢迎，两人用法兰克人听不懂的朗格多克方言交谈："几年不见，你真长成天仙了。""累了吧，我已经叫人准备好热水了，先洗个澡。""走这么远的路，肩膀酸了吧？我帮你按摩按摩。""今晚的晚饭是你最爱吃的，希望你的口味没变。""明天我带你到城里逛逛，别让你老公知道。"……举动和言语远远超出了叔侄关系，两人之间的绯闻成了公开的秘密，传遍了安提阿。

当然，世上没有不透风的墙，这些闲言闲语也传到了路易七世的耳中。"不就是比我高那么几厘米么，有什么了不起的，我是法国国王！"

路易七世和雷蒙德的关系逐渐由伙伴转为嫉妒，再转向对立。雷蒙德认为应该先攻击敌人的据点阿里波，并夺回埃泽萨，这一战略得到大多数骑士的赞同。但醋意正浓的路易七世就是要跟雷蒙德抬杠，主张尽快向耶路撒冷进发，直捣黄龙。他不知道，互相猜忌是兵家大忌，《孙子兵法》里面不是说了吗？怎么没法语版？

这时候，大股东埃莉娅诺发话了，当众表示支持叔叔的方案。此举无疑更加深了路易七世的嫉妒。于是，他决定尽快离开安提阿，独自进攻耶路撒冷，当然，作为妻子的埃

▲作为叔叔的雷蒙德深深迷恋上美丽的侄女埃莉娅诺。

莉娅诺必须追随丈夫。但两人还是吵了一架。埃莉娅诺还肆无忌惮地质疑两人的夫妻关系：“别用‘夫妻’这个词来要挟我，我们真的是夫妻吗？我们其实是四代以内的血亲，法律是禁止近亲结婚的。也就是说，我们的婚姻关系是无效的。”

路易七世听完后大吃一惊，想不到自己不明不白地就被“雷”了一把。如果这件事传出去，会是一桩更大的丑闻，成为全国甚至全欧洲的笑柄。于是，他将妻子关了起来，趁着夜色向耶路撒冷进发。

路易七世和德意志的康拉德三世会师，并向大马士革发动攻击，但久攻不下，于是，第二次东征的十字军在毫无成果的情况下不得不踏上了归国之路。留下的只有关于埃莉娅诺应有尽有的流言，她作为一个坏女人而出名，还给传记作家提供了一个可以充分发挥想象力的鲜活素材，被描述得风流放荡，造成这次东征失败——将坏女人带到圣城，对圣城造成了亵渎。

应该由无能的国王承担的责任，被强加到他们的妻子身上了。

回国后，夫妻俩吵得不可开交，罗马教皇只好当和事佬。邀请他们两人到自己的别墅来，还开好了总统套房，哄他们进房休息。夫妻床头打架床尾和，不久埃莉娅诺怀孕，生下一个女儿。

但不知道是埃莉娅诺再没有为路易七世生育，还是绿帽的阴霾挥之不去，或者是她又有了新的恋人，两人最终离婚。不久后，埃莉娅诺嫁给了比她小10多岁的英王亨利二世，而这次婚变结果改变了法国和英国此后300年的命运。

【枫哥点评】

埃莉娅诺可以称得上是12世纪的杰出女性，她被认为是欧洲历史上第一位自由选择丈夫，第一位参加战争并进行军事指挥，在很长一段时间内经历过多位国王统治的女性。埃莉娅诺自己选择丈夫，强迫法国国王和她离婚，并与英国国王再婚。这件事给当时的人们带来了很深的触动。虽然她是一名丑闻中的女人，却留下了美丽坏女人的传说。

铁汉情书背后的出轨

我没有一天不在爱着你，没有一夜不在想着把你紧搂在怀里。可爱的约瑟芬，我心中唯有你。我深深地想念着你，你占有了我全部的心思。如果说，我像罗纳河急流那样匆匆离你远去，那只是为了能尽早与你团聚。如果说，我夜半起床工作，那也只是为了可以让我温柔的爱人能提前到来……

肉麻透顶吧？这是拿破仑在硝烟弥漫的战场上给妻子约瑟芬写的情书。那个几乎征服整个欧洲大陆的铮铮铁汉，对妻子却充满了深深的迷恋，寸寸的柔情，一般女人早就被“电”晕N次了。然而，这些情书并没有打动约瑟芬，甚至没有得到回应……

1796年，27岁的拿破仑刚打完仗回来，一身疥癣，个子矮还剃光头，实在很难跟传统的法国帅哥联想到一起。而这时的约瑟芬在丈夫死后已经山穷水尽，需要尽快找个依靠和金库。有朋友向她提起拿破仑，说他是一只“潜力股”，日后定会成为法国的大人物。尽管已是两个孩子的母亲，33岁的约瑟芬有着娇柔美丽的外表、纯洁高贵的气质，还有高超的驭男技术，俘获拿破仑简直易如反掌。

约瑟芬先投石问路，让11岁的儿子去找拿破仑要他爸爸曾经用过的刀。第二天，约瑟芬再出美人计，浓妆艳抹地跑去向拿破仑道谢。最后使出杀手锏，泪流满面地哭诉自己的不幸，博取同情。男人最受不了的就是女人的娇媚和可怜，更何况拿破仑还是个情场新兵。接下来，约瑟芬的主动进攻，将他杀了个受宠若惊、措手不及。可能是初进城的拿破仑对风流妖娆的美女没有免疫力，也可能是浪漫多情的法国人天性作祟，交往三个月拿破仑便和她闪婚，堕入了情场上的滑铁卢。

新婚才三天，战火又起，拿破仑不得不踏上远征意大利的征程，此刻拿破仑的心情估计比孟姜女好不了多少，而且还不能哭！

一日不见如隔三秋，拿破仑火一样在心中燃烧的情感，需要向爱人倾诉，可是电话、手机、网络这些即时通信工具还没发明，只好写信吧，慢是慢了点，总比没有好，好歹有个盼头，盼望还能转化成奋勇杀敌的动力。于是，拿破仑在出生入死之余，每日都会抽时间给约瑟芬写信：

我亲爱的约瑟芬：你的爱情无时不在激励着我，它已经使我失去了理智—— 使我寝食难安。我的心里再也没有朋友，也没有荣耀。我之所以重视胜利，只是因为它能使你高兴。如果它不能让你欢喜，我会立刻离开军队，回到巴黎，回到你的身边。

拿破仑指挥的乌合之众创造了震惊欧洲的军事奇迹，而他写的数百封情书则可能创造了当时的吉尼斯世界纪录。

▲拿破仑的寸寸柔情并未打动约瑟芬。

但是，远在巴黎的约瑟芬却对那些信毫不在意——她正忙着风花雪月。

“谁知道他会不会阵亡呢？”约瑟芬已经做好两手准备，一边漫不经心地回复信笺，一边过着贵妇浪荡的生活，舞会不断，和巴黎的显贵们玩乐，同时还不忘和送信的军官调情。其实，她早就和一个士兵偷偷好上了，巴黎很多人都知道。后来，她甚至懒得写回信，使拿破仑急得要发疯，开始怀疑她出轨，写信委婉地指责她：

本来我挺开心的，但现在心里却装满了痛苦，在我看来，你已经做出了自己的选择，知道让谁来代替我的位置。我在这里并没有用“背叛”这个词，因为你从来就没有爱过我……你用1000把小刀将我的心都割碎了。

半年后，被丈夫催得实在无法找到借口的约瑟芬终于动身前往意大利，但是她临走还不忘带上情夫——英俊诙谐的军官夏尔。他们一路相伴，俨然一对恩爱夫妻，小道消息早就传遍了军队，成为官兵们窃窃私语的话题。绿帽几乎戴到了脚趾头上，拿破仑这个三军统帅却浑然不知，悲催啊。

凯旋后，拿破仑马上成为全国上下不可一世的人物，约瑟芬这才意识到丈夫是个真正的英雄，自己真是瞎了眼，才开始诚心诚意地侍奉在他身边。不久，拿破仑加冕成了皇帝，身边的美女贵妇粉丝团暴增，约瑟芬的风流韵事不绝于耳，但拿破仑仍然深爱着约瑟芬，两人度过了一段快乐的时光。

相爱并没有最终造就完美结局，他和她还是离了婚，只是因为他需要一个自己的儿子以继承皇位，而约瑟芬不能使他如愿。他在离婚书上签字时，这个纵横欧洲的铁汉竟忍不住哭了起来。离婚后的第三天，他坐在皇宫里，凝视着天空，闭门沉思，拒绝接见任何人，无心做任何事情。

离婚后不久，拿破仑迎娶了奥地利的玛丽·路易斯，并生下一子。不过，只有约瑟芬永远占据着他的心。约瑟芬死后，拿破仑在她坟前痛哭不已；拿破仑临终时，嘴里还念着的名字，也是约瑟芬。

【枫哥点评】

一个每日与死神相伴的男人，在枪林弹雨中写下一封封情真意切的情书，不是真爱是什么？即使在临终前也叫着她的名字，不是真情是什么？拿破仑的爱情故事堪比他一生的丰功伟绩，一直为人们津津乐道。只是拿破仑的执著专注与约瑟芬的水性杨花构成鲜明的反差，这又是为何？落花有意，流水无情。当真情遭遇假意，情书不过是一张张废纸，感情照样是平常无奇的空气。战争年代，不确定因素很多，却也最能反映人性。丈夫前方打仗，生死未卜；妻子后方偷欢，自甘堕落。怪谁？怪只怪婚前没有好好了解。敬告：闪婚有风险，入室需谨慎！

臭名昭著的慰安制度

性是人类基本的权利，它是独立的，不应受强权控制和支配，可是日本在侵华战争中所犯下的令人发指的罪行中，也包括臭名昭著的慰安制度。日军在占领中国领土后，对中国妇女实施了大规模灭绝人性的强奸，并使20万名中国妇女沦为慰安妇。那些在他们身下的女人只是泄欲工具。

早在1905年底，日本在大连就已开始设置妓院，实行公娼制，之后一个又一个魔窟出现在“满洲”，这里成为“失足妇女”们水深火热的炼狱，也成为卖春业者飞扬跋扈之地，更是日本军队肆无忌惮的温柔乡。不会被查封，也不见有哪些好事者多嘴，它们就这样堂而皇之地出现在人们眼前。

日本士兵上阵杀敌，不但配有武器、物资，连女人都给准备好，充分体会到前线士兵们的生理、心理需求。在上海“一·二八事变”中，日本就开始有计划地从日本国内的岛原、天草送去“慰安妇团”，但毕竟远水解不了近渴，卢沟桥事变后，日本在中国开始大规模有组织地推进“从军慰安妇”政策。

随着殖民地统治的加强，“性侵略”也日益加深。上海杨家宅首先出现了由陆军直接经营的慰安所，之后这样的由陆军直属的慰安所出现在中国各地。甚至到后来，日军占领一个地区后所做的第一件事就是强迫当地女性做慰安妇。真让人怀疑，战胜后可以得到性服务是否成为日军作战的直接动力。

当日军进入南京后，无数的中国女性在这场劫难中遭到侵略者的蹂躏，上至80岁老妪，下至不足10岁的女童，甚至快要分娩的妇女也不能幸免于难。他们在光天化日之下，在众目睽睽之下，不分时间和场合，只懂得享受发泄性欲的快感。先奸后杀！先杀后奸！到处是日本军队犯下的累累兽行。

日军本可以像“南京大屠杀”那样在对中国女性施暴后，再来个毁尸灭迹，然后死不认账，何必费事建什么慰安所？官方说法是为了防止日军的强奸行为，日本军队怎么突然这么好心了？如果是这个原因，那将中国女性强掳过去的行为又算什么？但事实确是如此，设置慰安所的确是为了对日军进行性管理，不过不是剥夺他们的性享受，而是要让他们不要随便打野食。1918年，日本出兵西伯利亚，欲图干涉俄国革命，最后以失败告终。这期间，日军在酒色中寻求安慰，军纪涣散，据说这些日军将士每七人中就有一个感染性病，导致军队战斗力明显降低。于是这次日本人学乖了，他们知道从国内输送女子做慰安妇会造成前方和后方军心、民心不稳，悲剧就这样降临到受侵略国的女性身上。

不仅如此，日军的性暴行还常常伴有骇人听闻的性虐待和残害。为了让慰安妇能不间断地接客，她们被强制手术切除子宫，更有甚者，被剖腹，被割掉乳房，被木棍、竹竿、酒瓶、鞭炮等插入体内，日军士兵以对这些女性的折磨为乐，他们是游走在人间的魔鬼，是披着人皮的牲畜。在一家

▲日军占领中国领土后，灭绝人性地使中国20万妇女成为慰安妇。

南京下关煤炭港附近的慰安所里，关押着近300名慰安妇，长期的强暴已经让她们逐渐变得温顺，安静地趴在地板上，一丝不挂，守着炭火，以求获得一丝温暖。士兵们在进去的时候都会带一个饭团子，这是她们一天的口粮。这些慰安妇的人性基本上被消磨殆尽，她们只知道红着眼去抢东西吃，任人在她们身上为所欲为，对她们来说，自尊远远比不上饭团子重要。

死亡对这些慰安妇来说也许是一种解脱，那些被强暴后的幸存者未必真的幸运。她们有着痛不欲生的过去，性暴行过后留下的是性病以及严重的心理创伤。

【枫哥点评】

联合国人权委员会先后于1996年和1998年通过有关报告指出，“慰安妇”制度是现代社会“有计划地强奸，性奴隶”行为，日本政府负有不可推卸的责任。战争留下的创伤已经成为人们心中不可轻易触碰的痛，唯有牢记历史、以史为鉴才能抚慰伤痛，避免人类文明史上这种空前绝后的国家犯罪和战争暴行。

军国主义的人体武器

在日本侵华史上，最有名、“成就”最大的女间谍，首推川岛芳子。除了“妖花”、“男装丽人”这些十分贴切的称呼外，她还被称为“东方魔女”，她于20世纪30年代轰动中日两国，只不过一面是巾帼英雄，一面是卖国汉奸。

川岛芳子有一个响当当的本名——爱新觉罗·显玗，是清肃亲王爱新觉罗·善耆的第十四个女儿，是货真价实的格格。就在这个格格天真烂漫的年龄，清王朝覆灭了，取而代之的是中华民国。身为清室的铁杆粉丝，肃亲王岂能容得政权旁落，他以“匡复清室”为己任，和日本人勾结起来。为了和日本人沾亲带故，肃亲王把他的掌上明珠显玗送给川岛浪速，就这样，她变成了川岛芳子。

来到日本的川岛芳子不断被灌输复辟的思想和日本武士道精神。经过多年的魔鬼式调教，一代乱世妖姬新鲜出炉。国民党党政军界要员为之倾倒，对她大献殷勤，可谁也不会想到，这位特立独行的美人暗藏阴谋，挑起了一连串杀戮和暴乱。

川岛芳子能成为日本的“谍报新星”备受特务机关的青

▲在日本侵华史上，最有名、“成就”最大的女间谍，当属川岛芳子。

睐，全都源于“炸张事件”的顺利完成，日本能干净利落地做成这一票，川岛芳子可谓“劳苦功高”。美艳的外表让她成功套牢了张学良的侍从副官，张作霖的日程安排和具体路线也只需几句撒娇耍赖和甜言蜜语便可轻易获得。日本关东军有了这么个得力助手，让张作霖到阎王那儿报到只是时间问题，而皇姑屯也因此一炸成名。

然而，起初川岛芳子只是被用作政治联姻嫁回中国，这明显是大材小用，家庭主妇的身份实在是委屈了川岛芳子。婚后第二年，她便弃夫出走，开始了放荡不羁的生活。

1930年，川岛芳子来到上海，在此结识了日本驻上海总领事馆从事谍报工作的辅佐官田中隆吉少佐。这位“魔鬼军人”挑动了她的芳心，在一连串感情攻势下，川岛芳子如愿和田中隆吉结下了孽缘。之后，于公于私，川岛都成为田中身边必不可少的人物。

“九一八”事变后，川岛芳子参与了将溥仪诱拐到奉天的行动，很快她又去天津迎接末代皇后婉容。躲过重重监视，用一口棺材将婉容运出天津，与溥仪团聚。

为转移国际视线，令关东军建立“满洲国”的计划顺利实现，日方决定在上海挑起事端。这时川岛芳子“挺身而出”，接下了这一历史性的重任。凭借其清室公主的金字招牌，迅速进入上海高层社会，打探英美对中日关系的态度，利用美人计获得了大量国民党军事上的准确情报，提前得知了蒋介石下野的消息，不仅成功点燃了战争的导火索，也为日本在战略上和心理上赢得优势。

此时，日本发生了刺杀天皇裕仁事件，然而上海《国民日报》的记者偏偏在报道的最后加上一句：“只是炸毁了随车，实在遗憾。” 川岛芳子抓住这个把柄，频频挑起事端，鼓动三友实业社毛巾厂的工人袭击日本僧侣，又指使日本浪人以此事为借口对这些工人进行报复性袭击，肆无忌惮地纵火行凶，最后又玩起了“嫁祸”的把戏，派人纵火焚烧了日本驻华公使重光葵的公馆，骚乱逐步升级，最终震惊中外的“一·二八”事变爆发了。

1932年，日本进攻上海闸北，与蔡廷锴指挥的十九路军发生了正面碰撞。在这个节骨眼上，川岛芳子单枪匹马，潜入吴淞炮台，谎报信息，为日本军送去炮台的火力配置情报。仅仅48小时，十九路军的防线便崩溃，上海沦陷。

直到日本战败，川岛芳子才走向她的人生末路，再也蹦跶不起来了。1948年，她被国民党政府以叛国通敌罪判处死刑，在北平宣外第一监狱枪决，一代魔女就此伏法。

【枫哥点评】

幼时，她被动地接受了那个时代赋予她的一切。成年后的她利用身边的一切，欲将这个时代的权贵玩弄于股掌之中，却也让自己被玩弄。背负叛国这样的罪名，她哪里还算得上是一个中国人？曾经的虚情假意，曾经的风光无限，这个卖国贼以身体为资本去博杀也改变不了被枪杀的结局。

荒唐的利器：同性恋炸弹？

话说美军地面部队攻入敌军阵地，鏖战多日，渐渐发现力不从心，于是呼叫救援。指挥所里，将军们焦灼地来回踱步。他们之前就一直担心兵员是否能扛起这场恶战，现在，果真不行了。前方指挥官犹豫再三，最终还是决定让空军迅速出战，飞赴敌军阵地上空，首投“同性恋炸弹”。这高科技产品非常神奇，可以在短时间内诱发敌军“同性恋行为”。炸弹爆炸，扩散特殊气味，敌军闻之春心荡漾，枪械丢在一边，男找男、女找女，忙着宽衣解带降温灭火……战斗力就这么奇怪地被瓦解，美军反败为胜。

多么奇妙的炸弹，亏美军想得出来。1994年，这种非致命性化学武器的研究被提上日程，但是一直没有研制成功。上面的战争情景只是存在于一些美军人士的假想中。然而，他们却一直认为“同性恋能削弱战力”，这到底有没有道理呢？军方与政界，各说各话，但更多的人包括科学家和美国总统，大都认为没什么道理。

军方却坚信，同性恋必定影响军队战斗力，尽管大多数国家都允许同性恋者参军，但美军就是不同意。那怎么征

▲“同性恋炸弹”这种高科技的产品非常神奇，可短时间内诱发敌军“同性恋行为”，瓦解敌军战斗力。

兵？1994年，克林顿总统出台了一个折中的政策——不问不说。即政府不支持同性恋参军，但军队长官不得询问士兵性取向；同性恋者只要不自曝，长官就不得揭露、驱逐。说穿了，就是你哄我、我哄你，大家都避开那层窗户纸。不然的话，要是严格审查，拒绝同性恋入伍，那么不仅美军会面临兵源不足的难堪局面，而且还会因为性取向歧视，而引起公众哗然。

2004年，空军航空护士维特少校被军中帅哥追急了，将自己是“拉拉”的绝密信息披露给帅哥，以此斩断他的单相思。谁知，他却跑去告密。空军高层非常吃惊，一个各方面表现不错、仕途正蒸蒸日上的女生，如果是同性恋就会断送美好前途。长官不敢当面质询，旁敲侧击确认了维特确实与一位平民女性保持着情侣关系。于是，维特被带到领导办公室“喝茶”，承认了同性恋身份。军方也不好高调，悄悄将她停了职，但保留军籍。维特不干，到处找地方说理，说军方的做法涉嫌歧视，而且有违宪法。军方被逼急了，索性一不做二不休，把维特解雇。维特大怒，立即提起诉讼，要求恢复职务和待遇。那些有过同样经历、也被军方解雇、却没有抗争的同性恋者闻讯，纷纷声援维特。同性恋组织更发起游行，控诉军方，支持维特。军方顶着巨大的舆论压力，硬是将这场官司扛到了2008年。

无独有偶，有着20年军龄的空军中校维克多·费伦巴赫因为涉嫌性侵一名男子，被警方调查。在伏法与自保之间，他选择了拯救，自曝是同性恋者。军方尴尬万分，根据“不问不说”的游戏规则，必须开除费伦巴赫。可是，维特的官司还打得热火朝天呢，要是再把费伦巴赫惹急了，岂不是又添一个对手？军方正焦头烂额时，美国军人法律辩护组织为费伦巴赫发起了联邦诉讼，要求获得军人平等待遇。军方本着按倒一个葫芦制止另起瓢的原则，妥协了，跟费伦巴赫私了，暂时不开除他，直到开一场关于他退役的听证会。这招果然见效，事情没有闹大。几十天后，军方悄悄批准费伦巴赫按完整军衔和退休金退役。

世上没有不透风的墙，维特不知道这事，维特的亲朋好友还会不知道吗？再说，美国的媒体报道自由，早晚会让维特知道的。费伦巴赫的胜利给了维特极大的鼓舞，她比以前更加顽强地维权。2010年，案子落到联邦地区法官莱登手上。正逢有关同性恋军人必须平权的社会呼声高涨。莱登最终做出裁决，即使克林顿的折中政策“不问不说”，也是违反宪法的，军方必须恢复维特的职务和待遇。

沉冤昭雪，维特赢了，从此可以光明正大地告诉长官：“报告长官，我是‘拉拉’！”

军中有同性恋，美军真的就会没劲么？

事实上，每年美军有上千军人因违反或蔑视“不问不说”的政策而被开除。他们聚集、示威，向政府施压，要求平权。2010年12月，美国总统奥巴马签署法案，废除“不问不说”政策，允许同性恋者参军。美军之敌，是不是迎来了黄金时代——只要静候，就可以等到美军“同性恋炸弹”自我爆炸的那一天？

【枫哥点评】

真是无法想象：全球最发达国家、最先进军队，居然有“同性恋会削弱战斗力”的观念，而且如此顽固，几近迷信。照这个逻辑，在战场上，异性恋者的战争胜算率就高，反之，倾向同性恋者的战争胜算率就低？

把同性恋者作为战争胜负的晴雨表，真是咄咄怪事！难道同性恋比异性恋更诱人、更能消耗人的体力？那是不是“无性”军人就最有战力，“无性”军队就永远不会战败呢？可谁见过太监玩枪啊？

虐俘门：文明的恶魔

2004年4月28日，哥伦比亚广播公司《60分钟节目Ⅱ》播出了一组驻伊美军虐待伊拉克囚犯的照片。照片没有进行任何PS，赤裸裸地在世人面前上演了一场“虐恋情深”的剧码。其中一张照片，美国女兵林迪·英格兰叼着一支雪茄，得意地竖起大拇指炫耀“成就”，脸上露出狰狞的笑容，而她的旁边是一名头戴面罩、赤身裸体的伊拉克男囚。事情并没有就这样结束，5月6日，林迪又出现在《华盛顿邮报》新发表的一组照片上，这个年轻女子竟然像牵狗一样用绳子拖着趴在地上的裸体伊拉克俘虏，那名男囚悲惨地躺在地上，表情十分痛苦。

就是这两组照片在美国引起轩然大波，照片主角林迪那独具一格的“魄力”令她赚足了眼球，而她本人最终也被“人肉”出来，美军第372宪兵队和巴格达附近的阿布格莱布监狱也随之名噪一时。据英国《每日镜报》报道，林迪可是位热血青年，早在“9·11”恐怖袭击事件发生后，就产生了疯狂的报复念头，还是陆军预备役的她几乎等不下去，她对她的朋友说：“我要到那里去，亲手杀掉一些恐怖分子。让

▲战争环境下，“文明”不堪一击，人性的“恶”被不加修饰地暴露出来。

我们去消灭敌人吧!”

终于，机会来了，她来到了战争前线，成为监狱的女看守员。一个被美军所俘的“恐怖分子”成为了“虐俘门”事件的男主角。面对国际社会的强烈谴责，林迪依旧我行我素，毫无罪恶感，她为自己的所作所为感到自豪。很多美国人对这个事件表现得不以为然：“我就不能理解为什么当伊拉克人虐待我们的战俘时，世界上没有反应，而当我们只是做了这么一点这样的事时，全世界却像疯了一样。”好吧，如果他们是对的，那么，的确全世界都疯了。

令林迪没有想到的是，事情竟然升级了。人们开始怀疑这件事是美军允许的，或者是军纪执行的高层人士出了问题。就这样，本是林迪一个人的问题变成了美国军队中存在的现象，他们虐待囚徒成为普遍性行为，而不是个案，“虐俘门”事件的发生成为一种必然。

2004年5月7日，林迪被美国军方正式起诉。2005年9月26日，林迪被判处3年监禁，被关押在加利福尼亚圣迭戈的一家海军综合监狱里。

2008年3月，林迪在接受德国一家杂志社采访时表示她为自己的行为感到后悔，并不是她认为她不应该虐俘，而是她想到那些照片会极大地助长伊拉克反美力量的气焰。然而，她的亲戚却有着另外一种说法，称伊拉克服役对林迪来说是一种折磨，她之所以有这些出格的行为，完全是听从上面的命令。林迪的母亲特里告诉记者：“政府抛弃了她。”无论事实是怎样的，在看过杂志上对林迪本人的访问后，人们只能认为，林迪的母亲及亲戚的说法只是他们美好的愿望而已，他们的记忆还停留在林迪幼时纯真的时光。

【枫哥点评】

所谓的西方文明其实很脆弱，在其华美的外表下涌动着不为人知的黑暗。战争的环境下，这类“文明”更是不堪一击，人性中的“恶”被不加修饰地暴露出来。更可悲的是，有人还不以为恶，大方地承认了。这已经不是所谓的“文明的冲突，”而是人性的悲哀与沉沦。

澳洲战舰，性的战场

澳大利亚海军有艘名叫“成功”号的军舰火了。不是因为出了什么事故，着火了，船上的防火设施好着呢；也不是因为立下了赫赫战功，和平时期，有战功也轮不到澳洲。那它何以名扬全球呢？

在这艘军舰上，人数最多的是一群18到25岁的男女青年。这两百多名水兵，要在社会上混，没准哪个角落都能看到他们活跃的身影：跑酷训练场，《男生女生向前冲》之类运动节目里的冲关达人；花前月下，《非诚勿扰》之类情感节目现场，做挑挑拣拣的嘉宾。可他们偏偏当了水兵。海上日出，多么诗意，可天长日久，也会令人无限失意。就算紧张的机械性训练后，还有无数次激情欢快的歌舞联欢，可长时间圈在甲板上，谁敢保证让他们夜里听涛，不会有人激情荡漾寻求解脱？总之，一句话，长年累月的海上生活，要多枯燥有多枯燥，要多无聊有多无聊。

于是，有男生心里不甘，纠集了几个臭味相投的兄弟，趁月黑风高，波涛怒吼，密谋制订了一个大胆的娱乐计划——男生女生连连看。他们还凑足了资金，成立“基金会”。计划几经修订，最后完善得可以跟澳洲博彩法媲美，比如：哪个男兵要是成功将一名女性军官引诱上床，并且成功做爱，那么，这名男兵就得特等奖，奖金丰厚；哪个男兵要是将女兵勾引到特别地点，如台球桌上做爱，就获一等奖；要是有两对性伴侣，举办性爱PK赛，那么无论谁胜谁负，都可以获得一笔奖金，以资鼓励……

为了彰显公平公正以及计划的严肃性，这群男兵中，还有专人负责记录，从时间、地点、人物到事件经过以及奖金分配，全部详尽在案，每月都进行审计，俨然开成一家“性博彩”有限公司了。

可别以为业务开展会很顺利。军舰上女生毕竟只占少数，没那么容易猎到。当然，帅哥还是具备先天条件的。有名男兵深谙此道，没花多少功夫，就勾引到一名暗恋他的女兵。他可不珍惜爱情，一心只惦记夺冠获奖。他瞒着女兵，把做爱时间、地点，统统告诉记录员。遗憾的是，该女兵非常保守，死活不肯到宿舍以外的任何地点去，没能让该男兵获大奖。男兵并不气馁，准备向女军官展开进攻。为此，他极力巴结两名男军官。在与他们长谈中，他隐隐约约感觉到军官们的生活并不比自己开心，于是，就适时透露了一点娱乐计划的信息。令他吃惊的是，两名男军官表现出极大兴趣，硬是逼着他和盘托出全部内容。两名男军官听罢乐坏了，答应为他和女军官牵线，只要他介绍他们“入会”。

有男军官加入，这群始作俑者异常兴奋。有人费尽心机终得手，有人绞尽脑汁也没成功，有人差点持刀胁迫、实施强奸……最有成就感的当属两名年轻的男军官，他们几乎不费什么功夫，就有崇拜军官的女兵欣然赴约。这可把那帮至今都没得手过的男兵嫉妒坏了。有人提议让两名军官带女

▲军舰上的男男女女，竟然玩起“性比拼”游戏。

兵PK一次，看谁持续的时间长。两个军官没有被胜利冲昏头脑，如果真这么做，那非出事不可，因为女兵压根就不知道舰上有这样的娱乐节目。不过，军官们争强斗胜的心还是被激活了。他们约定，比一比，看谁跟军舰上的女兵睡得多，看看有没有可能将她们全部睡一遍。男兵们为此设下赌局，有人押A胜，有人押B胜，一时间好不热闹。

有名男兵真急了。是啊，能不急吗？人家都在比数量了，可自己一点腥都没有沾到。怎么办？他趁一次上岸之机，弄了些迷药，找机会给一个女兵下了。这药果然有效，女兵昏迷，如同死了一般，轻易被他弄到宿舍。不幸的是，男兵正汗流浃背呢，女兵竟然突然苏醒。他完全懵掉，先是求她“事已至此，原谅我吧”，后来就威胁不得说出去，否则杀掉她。这女兵不吃眼前亏，但回去后立即向首长举报……

调查随即展开。那本账册很快被起获。4名男兵随后被带回国内，交给澳洲国防独立调查局。

随着媒体的报道，“成功”号迅速艳惊全球！

【枫哥点评】

澳大利亚军队明文规定，禁止军舰上有男女性行为发生。这当然是军纪的需要。然而，这样严明的军纪，却轻易被一群男兵击垮。仅仅是偷偷摸摸搞搞男女性关系，局外人似乎还可容忍一下。问题是，男男女女，都开始“性比拼”了，军舰上一片混乱，居然几个月也没人发现。个中原因，恐怕就是和平时期军纪瘫痪，军官没有以身作则，严格守纪。这样的军事作风极其危险，如何能保家卫国？不得不引以为戒啊。